DATE DUE			

CAMUFLAJE Y DISFRAZ
CAMOUFLAGE AND DISGUISE

Jason Cooper
Traducido por Esther Sarfatti

Rourke
Publishing LLC
Vero Beach, Florida 32964

www.rourkepublishing.com

PHOTO CREDITS: All photos © Lynn M. Stone.

Title page: Arctic foxes wear white coats in winter. In summer they are brownish gray.

Editor: Robert Stengard-Olliges

Cover design by Nicola Stratford.

Library of Congress Cataloging-in-Publication Data

Cooper, Jason, 1942-
   [Camouflage and disguise. Spanish]
   Camuflaje y disfraz / Jason Cooper.
       p. cm. -- (Miremos a los animales)
   ISBN 1-60044-268-4
   1. Camouflage (Biology)--Juvenile literature. I. Title.
   QL759.C6618 2007
   591.47'2--dc22
                                        2006026148

Printed in the USA

CG/CG

Rourke Publishing

www.rourkepublishing.com – sales@rourkepublishing.com
Post Office Box 3328, Vero Beach, FL 32964

Contenido / Table of Contents

Mantenerse vivos
Staying Alive

Muchos animales se esconden para mantenerse vivos. Algunos animales se esconden para que no se los coman otros animales.

Many animals stay alive by hiding. Some animals hide so they will not be eaten.

Durante parte del año, la comadreja caza camuflada en un pelaje marrón.

The weasel hunts part of the year in a camouflage coat of brown.

¡Algunos animales se esconden para atrapar a otros animales! En invierno, la comadreja tiene un pelaje blanco para esconderse en la nieve.

Some animals hide so they can catch other animals! In winter the weasel has a white coat to hide it in snow.

Esconderse
Hide

Muchos animales se quedan quietos para esconderse. No se esconden en un agujero. No se escapan corriendo. El pez piedra es difícil de ver porque se parece al fondo del mar que lo rodea.

Many animals hide by not going anywhere. They do not go in a hole. They do not run away. The stonefish hides by looking like the sea bottom around it.

Estos animales se quedan en el lugar donde viven. ¡Como son difíciles de ver, es como si estuvieran escondidos! Se **mezclan** con el lugar, porque sus colores son muy parecidos a los colores de las cosas que los rodean.

They stay in their homes. They hide mostly by being hard to see! They **blend** in. Their colors are much like the colors of things around them.

9

Los colores ayudan
Colors Help

El **camuflaje** es la capacidad que tiene un animal de parecerse a las cosas que lo rodean. Estos animales están camuflados.

Camouflage is an animal's ability to look like the things around it. These animals are camouflaged.

10

¿Puedes encontrar el sapo hoja entre las hojas?

Can you find the leaf toad in the leaves?

Los colores del camuflaje se conocen también como colores **crípticos.** Este gecko tiene colores crípticos.

Camouflage coloring is also called **cryptic** coloring. This gecko has cryptic colors.

Diferentes colores
Different Colors

Esta serpiente de cascabel cornuda es difícil de ver en la arena.

A sidewinder rattlesnake is hard to see on sand.

Las serpientes de colores variados son difíciles de ver entre las hojas. Una serpiente escondida puede atrapar a los animalitos que no la ven.

Snakes with mixed colors are hard to see in leaves. A hidden snake can catch the little animals that do not see it.

Los animales con rayas parecen tener colores llamativos.
Sin embargo, estos animales son difíciles de ver en la hierba o en
la selva.

Animals with stripes seem brightly colored. But striped animals
are hard to see in grass or jungle.

Algunos camarones tienen el cuerpo **transparente.** ¡Son difíciles de ver en cualquier lugar!

Some shrimp have **see-through** bodies. They are hard to see anywhere!

Disfrazarse
Pretending

El **mimetismo** es otro tipo de camuflaje. Un animal **mimético** se parece a algo diferente de lo que es. Este pulpo imita a un pez plano.

Mimicry is another type of camouflage. A **mimic** looks like something different than itself. This octopus mimics a flatfish.

El palito viviente parece un palo, pero no lo es. El palito viviente es un insecto. El palito viviente se asemeja a un palo o rama.

The walking stick looks like a stick. It is not. The walking stick is an insect. The walking stick mimics a stick.

21

¿Cuál de estos insectos es la avispa verdadera?
(¡El insecto de arriba es una polilla!)

Which insect is the real wasp?
(The top insect is a moth)!

Glosario / Glossary

mezclarse — confundirse, no ser fácil de ver o notar
blend (BLEND) – to fit in, to be part of, to go without notice

camuflaje — colorido o envoltura que hace que los animales se parezcan a las cosas que los rodean
camouflage (KAM uh flahzh) – coloring or covering that makes animals look like their surroundings

críptico — colores o superficies que ayudan a los animales a esconderse
cryptic (KRIP tik) – colors or surfaces that help an animal hide

mimético — aquello que imita o se parece a algo que no es
mimic (mim ik) – something that looks like or pretends to be something else

mimetismo — el hecho de ser mimético
mimicry (MIM ik ree) – the act of being a mimic

transparente — algo a través de lo cual se puede ver, como el vidrio
see-through (SEE THROO) – clear, like glass, so that someone can look through it

23

Índice / Index

LECTURAS ADICIONALES / FURTHER READING

Smith, Ian and Jennings, Terry. *Camouflage*. The Creative Company, 2004.

Woodward, John. *Clever Camouflage*. Heinemann, 2004.

PÁGINAS WEB RECOMENDADAS / WEBSITES TO VISIT

http://www.harcourtschool.com/activity/camouflage/camouflage.html

http://yahooligans.yahoo.com/Science_and_Nat...ing_Things/Animals/Camouflage

ACERCA DEL AUTOR / ABOUT THE AUTHOR

Jason Cooper ha escrito muchos libros infantiles para Rourke Publishing sobre una variedad de temas. Cooper viaja a muchos lugares para buscar información para sus libros.

Jason Cooper has written many children's books for Rourke Publishing about a variety of topics. Cooper travels widely to gather information for his books.